AF359396

LOI

des 21-29 mai 1858

ET

CIRCULAIRE MINISTÉRIELLE

DU 2 MAI 1859.

Art. 1.

Les art. 692, 696 et 717 c. pr. civ. sont modifiés ainsi qu'il suit :

Art. 692. Pareille sommation sera faite, dans le même délai de huitaine, outre un jour par cinq myriamètres :

1° Aux créanciers inscrits sur les biens saisis, aux domiciles élus dans les inscriptions. Si, parmi les créanciers inscrits, se trouve le vendeur de l'immeuble saisi, la sommation à ce créancier sera faite, à défaut de domicile élu par lui, à son domicile réel, pourvu qu'il soit fixé en France. Elle portera qu'à défaut de former sa demande en résolution et de la notifier au greffe avant l'adjudication, il sera définitivement déchu, à l'égard de l'adjudicataire, du droit de la faire prononcer ;

2° A la femme du saisi, aux femmes des précédents propriétaires, au subrogé tuteur des mineurs ou interdits, ou aux mineurs devenus majeurs, si, dans l'un et l'autre cas, les mariage et tutelle sont connus du poursuivant d'après son titre. Cette sommation contiendra, en outre, l'avertissement que, pour conserver les hypothèques légales sur l'immeuble exproprié, il sera nécessaire de les faire inscrire avant la transcription du jugement d'adjudication.

Copie en sera notifiée au procureur impérial de l'arrondissement où les biens sont situés, lequel sera tenu de requérir l'inscription des hypothèques légales existant du chef du saisi seulement, sur les biens compris dans la saisie.

Art. 696. Quarante jours au plus tôt et vingt jours au plus tard avant l'adjudication, l'avoué poursuivant fera insérer, dans un journal publié dans le département où sont situés les biens, un extrait signé de lui et contenant :

1° La date de sa saisie et de sa transcription ;

2° Les noms, professions, demeure du saisi, du saisissant et de l'avoué de ce dernier ;

3° La désignation des immeubles, telle qu'elle a été insérée dans le procès-verbal ;

4° La mise à prix ;

5° L'indication du tribunal où la saisie se poursuit, et des jour, lieu et heure de l'adjudication.

Il sera, en outre, déclaré dans l'extrait que tous ceux du chef desquels il pourrait être pris inscription pour raison d'hypothèques légales devront requérir cette inscription avant la transcription du jugement d'adjudication.

Toutes les annonces judiciaires relatives à la même saisie seront insérées dans le même journal.

Art. 717. L'adjudication ne transmet à l'adjudicataire d'autres droits à la propriété que ceux appartenant au saisi.

Néanmoins, l'adjudicataire ne pourra être troublé dans sa propriété par aucune demande en résolution fondée sur le défaut de payement du prix des anciennes aliénations, à moins qu'avant l'adjudication la demande n'ait été notifiée au greffe du tribunal où se poursuit la vente.

Si la demande a été notifiée en temps utile, il sera sursis à l'adjudication, et le tribunal, sur la réclamation du poursuivant ou de tout créancier inscrit, fixera le délai dans lequel le vendeur sera tenu de mettre à fin l'instance en résolution.

Le poursuivant pourra intervenir dans cette instance.

Ce délai expiré sans que la demande en résolution ait été définitivement jugée, il sera passé outre à l'adjudication, à moins que, pour des causes graves et dûment justifiées, le tribunal n'ait accordé un nouveau délai pour le jugement de l'action en résolution.

Si, faute par le vendeur de se conformer aux prescriptions du tribunal, l'adjudication avait eu lieu avant le jugement de la demande en résolution, l'adjudicataire ne pourrait pas être poursuivi à raison des droits des anciens vendeurs, sauf à ceux-ci à faire valoir, s'il y avait lieu, leurs titres de créances dans l'ordre et distribution du prix de l'adjudication.

Le jugement d'adjudication dûment transcrit purge toutes les hypothèques, et les créanciers n'ont plus d'action que sur le prix. Les créanciers à hypothèques légales qui n'ont pas fait inscrire leur hypothèque avant la transcription du jugement d'adjudication ne conservent de droit de préférence sur le prix qu'à la condition de produire, avant l'expiration du délai fixé par l'art. 754 dans le cas où l'ordre se règle judiciairement, et de faire valoir leurs droits avant la clôture, si l'ordre se règle amiablement, conformément aux art. 751 et 752.

ART. 2.

Les art. 749 et 779 c. pr. civ. sont remplacés par les dispositions suivantes :

Art. 749. Dans les tribunaux où les besoins du service l'exigent, il est désigné par décret impérial, un ou plusieurs juges spécialement chargés du règlement des ordres. Ils peuvent être choisis parmi les juges suppléants, et sont désignés pour une année au moins, et trois années au plus.

En cas d'absence ou d'empêchement, le président, par ordonnance inscrite sur un registre spécial tenu au greffe, désigne d'autres juges pour les remplacer.

Les juges désignés par décret impérial, ou nommés par le président, doivent, toutes les fois qu'ils en sont requis, rendre compte à leurs tribunaux respectifs, au premier président et au procureur général, de l'état des ordres qu'ils sont chargés de régler.

Art. 750. L'adjudicataire est tenu de faire transcrire le jugement d'adjudication dans les quarante-cinq jours de sa date, et, en cas d'appel, dans les quarante-cinq jours de l'arrêt confirmatif, sous peine de revente sur folle enchère.

Le saisissant, dans la huitaine après la transcription, et, à son défaut, après ce délai, le créancier le plus diligent, la partie saisie ou l'adjudicataire dépose au greffe l'état des inscriptions, requiert l'ouverture du procès-verbal d'ordre, et, s'il y a lieu, la nomination d'un juge-commissaire.

Cette nomination est faite par le président, à la suite de la réquisition inscrite par le poursuivant sur le registre des adjudications, tenu à cet effet au greffe du tribunal.

Art. 751. Le juge-commissaire, dans les huit jours de sa nomination, ou le juge spécial, dans les trois jours de la réquisition, convoque les créanciers inscrits, afin de se régler amiablement sur la distribution du prix.

Cette convocation est faite par lettres chargées à la poste, expédiées par le greffier et adressées tant aux domiciles élus par les créanciers dans les inscriptions qu'à leur domicile réel en France ; les frais en sont avancés par le requérant.

La partie saisie et l'adjudicataire sont également convoqués.

Le délai pour comparaître est de dix jours au moins entre la date de la convocation et le jour de la réunion.

Le juge dresse procès-verbal de la distribution du prix par règlement amiable ; il ordonne la délivrance des bordereaux aux créanciers utilement colloqués et la radiation des inscriptions des créanciers non admis en ordre utile.

Les inscriptions sont rayées sur la présentation d'un extrait, délivré par le greffier, de l'ordonnance du juge.

Les créanciers non comparants sont condamnés à une amende de 25 fr.

752. A défaut de règlement amiable dans le délai d'un mois, le juge constate sur le procès-verbal que les créanciers n'ont pu se régler entre eux, et prononce l'amende contre ceux qui n'ont pas comparu. Il déclare l'ordre ouvert et commet un ou plusieurs huissiers à l'effet de sommer les créanciers de produire. Cette partie du procès-verbal ne peut être expédiée ni signifiée.

753. Dans les huit jours de l'ouverture de l'ordre, sommation de produire est faite aux créanciers par acte signifié aux domiciles élus dans leurs inscriptions ou à celui de leurs avoués, s'il y en a de constitués, et au vendeur à son domicile réel situé en France, à défaut de domicile élu par lui ou de constitution d'avoué.

La sommation contient l'avertissement que, faute de produire dans les quarante jours, le créancier sera déchu.

L'ouverture de l'ordre est en même temps dénoncée à l'avoué de l'adjudicataire. Il n'est fait qu'une seule dénonciation à l'avoué qui représente plusieurs adjudicataires.

Dans les huit jours de la sommation par lui faite aux créanciers inscrits, le poursuivant en remet l'original au juge, qui en fait mention sur le procès-verbal.

754. Dans les quarante jours de cette sommation, tout créancier est tenu de produire ses titres avec acte de produit signé de son avoué, et contenant demande en collocation. Le juge fait mention de la remise sur le procès-verbal.

755. L'expiration du délai de quarante jours ci-dessus fixé emporte de plein droit déchéance contre les créanciers non produisants. Le juge la constate immédiatement et d'office sur le procès-verbal, et dresse l'état de collocation sur les pièces produites. Cet état est dressé au plus tard dans les vingt jours qui suivent l'expiration du délai ci-dessus.

Dans les dix jours de la confection de l'état de collocation, le poursuivant la dénonce, par acte d'avoué à avoué, aux créanciers produisants et à la partie saisie, avec sommation d'en prendre communication, et de contredire, s'il y échet, sur le procès-verbal dans le délai de trente jours.

756. Faute par les créanciers produisants et la partie saisie de prendre communication de l'état de collocation et de contredire dans ledit délai, ils demeurent forclos sans nouvelle sommation ni jugement; il n'est fait aucun dire, s'il n'y a contestation.

757. Lorsqu'il y a lieu à ventilation du prix de plusieurs immeubles vendus collectivement, le juge, sur la réquisition des parties ou d'office, par ordonnance inscrite sur le procès-verbal, nomme un ou trois experts, fixe le jour où il recevra leur serment et le délai dans lequel ils devront déposer leur rapport.

Cette ordonnance est dénoncée aux experts par le poursuivant, la prestation de serment est mentionnée sur le procès-verbal d'ordre auquel est annexé le rapport des experts, qui ne peut être levé ni signifié.

En établissant l'état de collocation provisoire, le juge prononce sur la ventilation.

758. Tout contestant doit motiver son dire et produire toutes pièces à l'appui; le juge renvoie les contestants à l'audience qu'il désigne, et commet en même temps l'avoué chargé de suivre l'audience.

Néanmoins, il arrête l'ordre et ordonne la délivrance des bordereaux de collocation pour les créances antérieures à celles contestées; il peut même arrêter l'ordre pour les créances postérieures, en réservant somme suffisante pour désintéresser les créanciers contestés.

759. S'il ne s'élève aucune contestation, le juge est tenu, dans les quinze jours qui suivent l'expiration du délai pour prendre communication et contredire, de faire la clôture de l'ordre; il liquide les frais de radiation et de poursuite d'ordre qui sont colloqués par préférence à toutes autres créances; il liquide, en outre, les frais de chaque créancier colloqué en rang utile, et ordonne la délivrance des bordereaux de collocation aux créanciers utilement colloqués, et la radiation des inscriptions de ceux non utilement colloqués. Il est fait distraction, en faveur de l'adjudicataire, sur le montant de chaque bordereau, des frais de radiation de l'inscription.

760. Les créanciers postérieurs en ordre d'hypothèque aux collocations contestées sont tenus, dans la huitaine après les trente jours accordés pour contredire, de s'entendre entre eux sur le choix d'un avoué; sinon ils sont représentés par l'avoué du dernier créancier colloqué. L'avoué poursuivant ne peut, en cette qualité, être appelé dans la contestation.

761. L'audience est poursuivie, à la diligence de l'avoué commis, sur un simple acte contenant avenir pour l'audience fixée conformément à l'art. 758. L'affaire est jugée comme sommaire sans autre procédure que des conclusions motivées de la part des contestés, et le jugement contient liquidation des frais. S'il est produit de nouvelles pièces, toute partie contestante ou contestée est tenue de les remettre au greffe trois jours au moins avant cette audience; il en est fait mention sur le procès-verbal. Le tribunal statue sur les pièces produites; néanmoins il peut, mais seulement pour causes graves et dûment justifiées, accorder un délai pour en produire d'autres; le jugement qui prononce la remise fixe le

jour de l'audience ; il n'est ni levé ni signifié. La disposition
du jugement qui accorde ou refuse un délai n'est susceptible
d'aucun recours.

762. Les jugements sur les incidents et sur le fond sont
rendus sur le rapport du juge et sur les conclusions du ministère public.

Le jugement sur le fond est signifié dans les trente jours de
sa date à avoué seulement, et n'est pas susceptible d'opposition. La signification à avoué fait courir le délai d'appel
contre toutes les parties à l'égard les unes des autres.

L'appel est interjeté dans les dix jours de la signification
du jugement à avoué, outre un jour par cinq myriamètres
de distance entre le siége du tribunal et le domicile réel de
l'appelant ; l'acte d'appel est signifié au domicile de l'avoué,
et au domicile réel du saisi, s'il n'a pas d'avoué. Il contient
assignation et l'énonciation des griefs, à peine de nullité.

L'appel n'est recevable que si la somme contestée excède
celle de 1,500 fr. , quel que soit d'ailleurs le montant des
créances des contestants et des sommes à distribuer.

763. L'avoué du créancier dernier colloqué peut être in-
timé s'il y a lieu.

L'audience est poursuivie et l'affaire instruite conformément à l'art. 761, sans autre procédure que des conclusions
motivées de la part des intimés.

764. La cour statue sur les conclusions du ministère public. L'arrêt contient liquidation des frais ; il est signifié
dans les quinze jours de sa date à avoué seulement , et n'est
pas susceptible d'opposition. La signification à avoué fait
courir les délais du pourvoi en cassation.

765. Dans les huit jours qui suivent l'expiration du délai
d'appel, et en cas d'appel dans les huit jours de la signification de l'arrêt , le juge arrête définitivement l'ordre des
créances contestées et des créances postérieures , conformément à l'art. 759.

Les intérêts et arrérages des créanciers utilement colloqués cessent à l'égard de la partie saisie.

766. Les dépens des contestations ne peuvent être pris
sur les deniers provenant de l'adjudication.

Toutefois, le créancier dont la collocation rejetée d'office,
malgré une production suffisante, a été admise par le tri-

bunal sans être contestée par aucun créancier, peut employer ses dépens sur le prix au rang de sa créance.

Les frais de l'avoué qui a représenté les créanciers postérieurs en ordre d'hypothèque aux collocations contestées peuvent être prélevés sur ce qui reste de deniers à distribuer, déduction faite de ceux qui ont été employés à payer les créanciers antérieurs. Le jugement qui autorise l'emploi des frais prononce la subrogation au profit du créancier sur lequel les fonds manquent ou de la partie saisie. L'exécutoire énoncera cette disposition et indiquera la partie qui doit en profiter.

Le contestant ou le contesté qui a mis de la négligence dans la production des pièces peut être condamné aux dépens, même en obtenant gain de cause.

Lorsqu'un créancier condamné aux dépens des contestations a été colloqué en rang utile, les frais mis à sa charge sont, par une disposition spéciale du règlement d'ordre, prélevés sur le montant de sa collocation au profit de la partie qui a obtenu la condamnation.

767. Dans les trois jours de l'ordonnance de clôture, l'avoué poursuivant la dénonce par un simple acte d'avoué à avoué.

En cas d'opposition à cette ordonnance par un créancier, par l'adjudicataire ou la partie saisie, cette opposition est formée, à peine de nullité, dans la huitaine de la dénonciation, et portée dans la huitaine suivante à l'audience du tribunal, même en vacation, par un simple acte d'avoué contenant moyens et conclusions ; et, à l'égard de la partie saisie n'ayant pas d'avoué en cause, par exploit d'ajournement à huit jours. La cause est instruite et jugée conformément aux art. 761, 762 et 764, même en ce qui concerne l'appel du jugement.

768. Le créancier sur lequel les fonds manquent et la partie saisie ont leur recours contre ceux qui ont succombé, pour les intérêts et arrérages qui ont couru pendant les contestations.

769. Dans les dix jours, à partir de celui où l'ordonnance de clôture ne peut plus être attaquée, le greffier délivre un extrait de l'ordonnance du juge pour être déposé par l'avoué poursuivant au bureau des hypothèques. Le conservateur,

sur la présentation de cet extrait, fait la radiation des inscriptions des créanciers non colloqués.

770. Dans le même délai, le greffier délivre à chaque créancier colloqué un bordereau de collocation exécutoire contre l'adjudicataire ou contre la caisse des consignations.

Le bordereau des frais de l'avoué poursuivant ne peut être délivré que sur la remise des certificats de radiation des inscriptions des créanciers non colloqués. Ces certificats demeurent annexés au procès-verbal.

771. Le créancier colloqué, en donnant quittance du montant de sa collocation, consent la radiation de son inscription. Au fur et à mesure du payement des collocations, le conservateur des hypothèques, sur la représentation du bordereau et de la quittance du créancier, décharge d'office l'inscription jusqu'à concurrence de la somme acquittée.

L'inscription d'office est rayée définitivement, sur la justification faite par l'adjudicataire du payement de la totalité de son prix, soit aux créanciers colloqués, soit à la partie saisie.

772. Lorsque l'aliénation n'a pas lieu sur expropriation forcée, l'ordre est provoqué par le créancier le plus diligent ou par l'acquéreur.

Il peut être aussi provoqué par le vendeur, mais seulement lorsque le prix est exigible.

Dans tous les cas, l'ordre n'est ouvert qu'après l'accomplissement des formalités prescrites pour la purge des hypothèques.

Il est introduit et réglé dans les formes établies par le présent titre.

Les créanciers à hypothèques légales qui n'ont pas fait inscrire leurs hypothèques dans le délai fixé par l'art. 2195 c. nap. ne peuvent exercer de droit de préférence sur le prix qu'autant qu'un ordre est ouvert dans les trois mois qui suivent l'expiration de ce délai et sous les conditions déterminées par la dernière disposition de l'art. 717.

773. Quel que soit le mode d'aliénation, l'ordre ne peut être provoqué s'il y a moins de quatre créanciers inscrits.

Après l'expiration des délais établis par les art. 750 et 772, la partie qui veut poursuivre l'ordre présente requête au juge spécial, et, s'il n'y en a pas, au président ua tribunal, à l'effet de faire procéder au préliminaire de règlement amiable dans les formes et délais établis en l'art. 751.

A défaut de règlement amiable, la distribution du prix est réglée par le tribunal, jugeant comme en matière sommaire, sur assignation signifiée à personne ou à domicile, à la requête de la partie la plus diligente, sans autre procédure que des conclusions motivées. Le jugement est signifié à avoué seulement, s'il y a avoué constitué.

En cas d'appel, il est procédé comme aux art. 763 et 764.

774. L'acquéreur est employé par préférence pour le coût de l'extrait des inscriptions et des dénonciations aux créanciers inscrits.

775. Tout créancier peut prendre inscription pour conserver les droits de son débiteur ; mais le montant de la collocation du débiteur est distribué, comme chose mobilière, entre tous les créanciers inscrits ou opposants avant la clôture de l'ordre.

776. En cas d'inobservation des formalités et délais prescrits par les art. 753, 755, § 2, et 769, l'avoué poursuivant est déchu de la poursuite, sans sommation ni jugement. Le juge pourvoit à son remplacement, d'office ou sur la réquisition d'une partie, par ordonnance inscrite sur le procès-verbal ; cette ordonnance n'est susceptible d'aucun recours.

Il en est de même à l'égard de l'avoué commis qui n'a pas rempli les obligations à lui imposées par les art. 758 et 761.

L'avoué déchu de la poursuite est tenu de remettre immédiatement les pièces sur le récépissé de l'avoué qui le remplace, et n'est payé de ses frais qu'après la clôture de l'ordre.

777. L'adjudicataire sur expropriation forcée qui veut faire prononcer la radiation des inscriptions avant la clôture de l'ordre doit consigner son prix et les intérêts échus, sans offres réelles préalables.

Si l'ordre n'est pas ouvert, il doit en requérir l'ouverture après l'expiration du délai fixé par l'art. 750. Il dépose à l'appui de sa réquisition le récépissé de la caisse des consignations, et déclare qu'il entend faire prononcer la validité de la consignation et de la radiation des inscriptions.

Dans les huit jours qui suivent l'expiration du délai pour produire fixé par l'art. 754, il fait sommation par acte d'a-

voué à avoué, et par exploit à la partie saisie, si elle n'a pas
avoué constitué, de prendre communication de sa déclaration, et de la contester dans les quinze jours, s'il y a lieu. A
défaut de contestation dans ce délai, le juge, par ordonnance,
sur le procès-verbal, déclare la consignation valable et prononce la radiation de toutes les inscriptions existantes, avec
maintien de leur effet sur le prix. En cas de contestation, il
est statué par le tribunal sans retard des opérations de
l'ordre.

Si l'ordre est ouvert, l'adjudicataire, après la consignation, fait sa déclaration sur le procès-verbal par un dire
signé de son avoué, en y joignant le récépissé de la caisse
des consignations. Il est procédé comme il est dit ci-dessus,
après l'échéance du délai des productions.

En cas d'aliénation autre que celle sur expropriation forcée,
l'acquéreur qui, après avoir rempli les formalités de la purge,
veut obtenir la libération définitive de tous les priviléges et
hypothèques par la voie de la consignation, opère cette consignation sans offres réelles préalables. A cet effet, il somme
le vendeur de lui rapporter dans la quinzaine mainlevée des
inscriptions existantes, et lui fait connaître le montant des
sommes en capital et intérêts qu'il se propose de consigner.
Ce délai expiré, la consignation est réalisée, et, dans les trois
jours suivants, l'acquéreur ou adjudicataire requiert l'ouverture de l'ordre, en déposant le récépissé de la caisse des
consignations. Il est procédé sur sa réquisition conformément
aux dispositions ci-dessus.

778. Toute contestation relative à la consignation du prix
est formée sur le procès-verbal par un dire motivé, à peine
de nullité ; le juge renvoie les contestants devant le tribunal.

L'audience est poursuivie sur un simple acte d'avoué à
avoué, sans autre procédure que des conclusions motivées ;
il est procédé ainsi qu'il est dit aux art. 761, 763 et 764.

Le prélèvement des frais sur le prix peut être prononcé
en faveur de l'adjudicataire ou acquéreur.

779. L'adjudication sur folle enchère intervenant dans le
cours de l'ordre, et même après le règlement définitif et la
délivrance des bordereaux, ne donne pas lieu à une nouvelle
procédure. Le juge modifie l'état de collocation suivant les

résultats de l'adjudication, et rend les bordereaux exécutoires contre le nouvel adjudicataire.

ART. 3.

L'art. 838 c. pr. civ. est modifié ainsi qu'il suit :

Le surenchérisseur, même au cas de subrogation à la poursuite, sera déclaré adjudicataire si, au jour fixé pour l'adjudication, il ne se présente pas d'autre enchérisseur.

Sont applicables au cas de surenchère les art. 701, 702, 705, 706, 707, 711, 712, 713, 717, 731, 732 et 733 du présent code, ainsi que les art. 734 et suiv. relatifs à la folle enchère.

Les formalités prescrites par les art. 705 et 706, 832, 836 et 837 seront observées à peine de nullité.

Les nullités devront être proposées, à peine de déchéance, savoir : celles qui concerneront la déclaration de surenchère et l'assignation, avant le jugement qui doit statuer sur la réception de la caution ; celles qui seront relatives aux formalités de la mise en vente, trois jours au moins avant l'adjudication. Il sera statué sur les premières par le jugement de réception de la caution, et sur les autres avant l'adjudication, et, autant que possible, par le jugement même de cette adjudication.

Aucun jugement ou arrêt par défaut en matière de surenchère sur aliénation volontaire ne sera susceptible d'opposition.

Les jugements qui statueront sur les nullités antérieures à la réception de la caution, ou sur la réception même de cette caution, et ceux qui prononceront sur la demande en subrogation intentée par collusion ou fraude, seront seuls susceptibles d'être attaqués par la voie de l'appel.

L'adjudication par suite de surenchère sur aliénation volontaire ne pourra être frappée d'aucune autre surenchère.

Les effets de l'adjudication à la suite de surenchère sur aliénation volontaire seront réglés, à l'égard du vendeur et de l'adjudicataire, par les dispositions de l'art. 717 ci-dessus ; néanmoins, après le jugement d'adjudication par suite de surenchère, la purge des hypothèques légales, si elle n'a pas eu lieu, se fait comme au cas d'aliénation volontaire, et les droits des créanciers à hypothèques légales sont régis par le dernier alinéa de l'art. 772.

Art. 4.

Dispositions transitoires.

Les ordres ouverts avant la promulgation de la présente loi seront régis par les dispositions des lois antérieures.

L'art. 692, tel qu'il est modifié par la présente loi, sera appliqué aux poursuites de saisie immobilière commencées lors de sa promulgation dans lesquelles l'art. 692 de la loi précédente n'aura pas encore été mis à exécution.

DIRECTION DES AFFAIRES CIVILES ET DU SCEAU.

Paris, le 2 mai 1859.

Monsieur le procureur général, la loi du 21 mai 1858 a introduit dans la procédure de saisie immobilière et dans le règlement des ordres d'importantes modifications. Le texte clair et précis de cette loi portait avec lui-même ses enseignements et son commentaire. J'ai dû laisser aux magistrats le soin et le temps de mettre en œuvre le nouveau système, et attendre, pour vous adresser des instructions générales, que l'expérience eût signalé les points à éclaircir et les difficultés à résoudre.

Le moment est venu de reprendre avec vous les principales dispositions de la loi nouvelle et de formuler les règles qui doivent en faciliter l'application.

Les lois de procédure intéressent profondément le crédit public. Si elles ne fixent pas le droit, elles en règlent l'exercice, et personne n'ignore qu'elles ont une action directe sur le développement de la richesse nationale.

Le Gouvernement de l'Empereur qui recherche tous les moyens d'activer l'essor de la prospérité publique, n'entend laisser à l'écart aucune des forces du pays.

Quelle que soit la sagesse qui a présidé à la rédaction du Code de procédure civile et de la loi du 2 juin 1841 sur les

saisies immobilières, l'expérience y avait signalé des lacunes et de graves imperfections. De nouveaux besoins exi-
geaient, d'ailleurs, de nouvelles dispositions. Enfin, il était
urgent de satisfaire aux légitimes réclamations de la propriété foncière et de l'agriculture, car, si les changements
sont périlleux, l'immobilité est funeste.

Les modifications réalisées par la loi du 21 mai 1858 af-
fectent plus particulièrement le titre de la saisie immobilière
et le titre de l'ordre. Je dois m'occuper successivement de
ces deux séries de dispositions.

PREMIÈRE PARTIE.

Modifications au titre de la saisie immobilière.

Les formalités des expropriations nuisent au crédit en
écartant les capitaux des placements immobiliers et des
prêts hypothécaires. Cependant la justice exige que le débiteur ne soit pas trop facilement dépouillé du bien qu'il
possède.

De là une double préoccupation qui a dominé tour à tour
le législateur.

Pour éviter les lenteurs et les incidents qui rendaient,
dans l'ancien droit, les saisies réelles interminables, la loi
du 11 brumaire an vii avait adopté des formes expéditives
qui ne garantissaient pas d'une manière suffisante le droit
de propriété.

En voulant remédier à ce vice, le Code de procédure
avait dépassé le but. La loi du 2 juin 1841, qui a modifié
le Code, a réalisé de notables améliorations.

Le Code Napoléon ne s'est occupé de l'expropriation forcée que pour poser des principes généraux : il détermine
les personnes auxquelles il appartient de la poursuivre (art.
2092, 2209); les biens qui peuvent en être l'objet (art. 2204;
—Loi du 21 avril 1810 sur les mines; — Décret du 16 janvier 1808 sur les actions de la Banque de France; — Décret
du 16 mars 1810 sur les actions des canaux de Loing et
d'Orléans). Il ne permet pas de saisir en même temps les
immeubles du débiteur situés dans des arrondissements différents, sauf deux exceptions spécialement prévues. (Loi du
14 novembre 1808. — Code Napoléon, art 2209, 2210,
2211.)

Mais les règles de procédure sont écrites dans le Code de 1806, modifié par la loi du 2 juin 1841.

Le commandement au débiteur (article 673), le procès-verbal de saisie (articles 674, 675, 676), la dénonciation de ce procès-verbal au saisi (article 677), la transcription de la saisie au bureau des hypothèques (articles 678, 679, 680), constituent les formalités essentielles qui mettent le gage sous la main de la justice.

Les effets de la saisie, en ce qui touche à l'administration et à la jouissance du saisi (articles 681 à 685), à l'immobilisation des fruits (article 682), à la modification du droit de disposition dans la main du saisi (articles 686 à 689), sont nettement définis ; le cahier des charges que le poursuivant dépose au greffe fait connaître les conditions de la vente et la mise à prix ; sommation est faite au saisi et aux créanciers inscrits d'en prendre communication et d'assister à la fixation du jour de l'adjudication (articles 691, 692).

Enfin la publicité de la vente résulte non-seulement de la lecture et de la publication du cahier des charges faites à l'audience du tribunal (art. 694 et 695), mais encore d'insertions dans les journaux (art. 696, 697 et 698) et d'affiches qui sont apposées à la porte du domicile du saisi, à la porte des édifices saisis, etc. (art. 699, 700).

Il n'y a plus qu'à régler le mode des enchères et à indiquer les personnes qui peuvent renchérir. C'est l'objet des articles 702, 703, 705, 706, 707 et 711.

L'article 717 détermine les effets du jugement d'adjudication.

La seule analyse des articles qui viennent d'être rappelés suffit pour mettre en lumière les points dont l'expérience a démontré l'imperfection, et pour faire saisir l'esprit et la portée des dispositions nouvelles.

Pour satisfaire à l'intérêt public qui réclame la célérité des aliénations judiciaires, on avait imprimé aux procédures de saisie une marche à la fois prudente et rapide, mais l'adjudication restait pour l'acquéreur une source d'embarras. Si les créanciers inscrits, mis en demeure de veiller à leurs intérêts, n'étaient plus admis à critiquer une adjudication faite sous leurs yeux, les hypothèques légales ne pouvaient être effacées que par la purge , et il fallait recourir ,. pour les faire disparaître , à une procédure longue et dispendieuse.

Cette inconséquence n'avait pas échappé à la commission de la chambre des pairs chargée de l'examen du projet de loi de 1841. Mais une proposition dont M. Persil s'était rendu l'organe avait échoué, et l'on avait dû laisser à l'avenir le soin de compléter une réforme heureusement accomplie sur d'autres points. Il y avait là , pour le crédit public, un danger que chaque jour a fait ressortir davantage et qui a fini par provoquer des mesures efficaces.

En soumettant au Corps législatif le projet qui est devenu la loi du 21 mai 1858, le Gouvernement de l'Empereur n'a pas eu pour objet de substituer une législation entièrement nouvelle à une loi qui a été elle-même un progrès sérieux et durable , il s'est donné la tâche plus simple et plus pratique de combler les lacunes et de perfectionner l'application de cette loi. Il a voulu, en un mot, compléter avec plus de hardiesse l'œuvre commencée en 1841.

Les formalités de la purge s'accomplissaient après l'adjudication. Aujourd'hui , tous les créanciers hypothécaires, avertis des conditions et du jour de la vente , sont mis en mesure de faire valoir leurs droits et de surveiller l'aliénation de leur gage. La même sommation qui est notifiée aux créanciers inscrits et qui les lie à la poursuite , est faite aux créanciers à hypothèques légales.

Des annonces sont , en outre , insérées dans les journaux.

Ce n'est pas tout , le ministère public intervient directement pour la protection de ces droits sacrés , et requiert , sur les biens compris dans la saisie , l'inscription des hypothèques des femmes, des mineurs et des interdits existant du chef du saisi.

Ainsi , toutes les précautions sont prises pour que les droits soient rendus publics et pour que les créanciers soient appelés lors de la distribution des deniers ; mais si , par son inertie et par sa faute, un créancier à hypothèque légale a laissé échapper le droit de critiquer l'aliénation , le législateur lui ouvre encore une voie de salut en lui réservant le moyen de ressaisir son droit de préférence sur le prix.

L'article 717 , aux termes duquel le jugement d'adjudication dûment transcrit purge toutes les hypothèques, fait passer dans les mains de l'adjudicataire un immeuble complétement affranchi. De quelque nature qu'ils soient, les droits hypothécaires sont, par le fait de l'adjudication, reportés sur le prix. L'acquéreur n'a plus à s'occuper que du soin de se libérer, ce qu'il peut faire aujourd'hui sans danger et presque sans frais, l'article 777 ayant remplacé l'ancienne procédure en validité d'offres par une procédure tout à fait sommaire.

C'est ainsi que la loi consacre définitivement, en donnant toutefois aux incapables des garanties qu'ils n'avaient pas alors, une jurisprudence que la cour de cassation n'avait elle-même abandonnée qu'en 1833 (1), et qu'elle revient enfin, après bien des controverses et bien des difficultés pratiques, au principe de l'édit de 1551 et à la vieille maxime de Loisel : « Un décret nettoie toutes hypothèques. »

Cette amélioration n'est pas la seule que réalise la loi du 21 mai 1858.

Suivant les règles du droit civil, l'hypothèque légale des femmes, des mineurs et des interdits, qui frappe tous les biens immobiliers des maris et des tuteurs, existe par le fait seul du mariage ou de la tutelle. Elle assure au créancier une cause de préférence sur le prix, en même temps qu'un droit de suite sur l'immeuble.

Ces deux effets de l'hypothèque, bien que différents dans leur but, étaient soumis aux mêmes causes d'extinction. Les dispositions absolues de l'article 2180 du Code Napoléon s'appliquaient à l'un aussi bien qu'à l'autre, et la cour de cassation avait maintes fois décidé que le droit hypothécaire, anéanti par la purge, ne pouvait plus s'exercer, ni sur la chose, ni sur le prix.

Malgré l'autorité de cette jurisprudence, la doctrine contraire avait de nombreux partisans. D'éminents publicistes n'avaient pas hésité à proclamer que le droit de préférence survivait au droit de suite, et que les droits d'hypothèques légales pouvaient s'exercer sur le prix, tant que ce prix n'avait pas été distribué entre les créanciers. Ils voyaient

---

(1) Cour de cassation, chambres réunies, 22 juin 1833 ; s. v. 1833, 1., 449.

là une conséquence du principe que l'hypothèque des femmes, des mineurs et des interdits , est indépendante de l'inscription.

La purge n'était pas d'ailleurs, à leurs yeux, un moyen d'interpellation assez sûr pour qu'on pût affirmer que le créancier eût été averti ; et , quel que fût l'avis des jurisconsultes sur le droit , c'était au moins une dernière ressource accordée aux incapables.

Cette doctrine pénétrait peu à peu dans l'opinion. En 1841, la commission de la chambre des pairs avait cherché à la faire prévaloir dans la loi sur les saisies immobilières, mais elle n'y avait pas réussi.

On avait cependant admis le même principe quelques jours auparavant dans la loi du 5 mai 1841 sur l'expropriation pour cause d'utilité publique , en décidant qu'à défaut d'inscription dans le délai déterminé l'immeuble exproprié serait affranchi de tous priviléges et hypothèques , sans préjudice des droits des femmes, mineurs et interdits , sur le montant de l'indemnité , tant qu'elle n'aurait pas été payée ou que l'ordre n'aurait pas été réglé définitivement entre les créanciers. (Art. 17 de la loi du 3 mai 1841.)

Il appartenait aux pouvoirs publics de 1858 de généraliser , autant que possible , ce salutaire et intelligent progrès, et de l'affranchir de ses dernières entraves.

Ici se présente une observation que je dois recommander à vos souvenirs.

Le nouvel article 717 ne s'applique qu'aux adjudications sur saisie immobilière. Il est cependant d'autres ventes qui s'accomplissent sous la sanction de la justice. Les ventes des biens des mineurs (937 C. de proc.), des interdits (509), des faillis (572 C. de comm.) ; les ventes sur conversion (743 C. de proc.), sur licitation (972-984), sur surenchère après aliénation volontaire (856) ; les ventes d'immeubles dotaux (997) , d'immeubles dépendant d'une succession vacante (1001) ou d'une succession acceptée sous bénéfice d'inventaire (988) , d'immeubles appartenant à une personne qui a fait cession de biens (904) , ne peuvent également avoir lieu qu'aux enchères publiques , après un certain nombre de publications et d'affiches.

Les solennités dont ces ventes sont entourées ne leur enlèvent pas, il est vrai, leur caractère purement amiable et volontaire ; les créanciers hypothécaires n'y sont point appelés, et, en l'absence d'un avertissement direct et personnel qui leur révèle la réalisation prochaine du gage, ils ne peuvent être dépouillés de leurs droits par une adjudication qu'ils n'ont pas officiellement connue.

Ces considérations, qui pouvaient atteindre, en partie du moins, les ventes sur saisie, n'ont pas arrêté le législateur dans la nouvelle voie où il s'est engagé.

Serait-il opportun d'attribuer aux adjudications dont nous venons de parler les mêmes effets qu'aux ventes sur saisie immobilières ?

Conviendrait-il de leur appliquer la réforme que la loi du 21 mai dernier a portée dans les expropriations ?

Les avantages qui résultent de la marche tracée par cette loi, et qui ne peuvent manquer d'attirer les capitaux vers les adjudications sur saisie, n'auront-ils pas pour résultat de les écarter de ces ventes volontaires, qui offrent moins de sécurité, et que doivent suivre les doubles formalités de la purge, avec leurs frais, leurs lenteurs et leurs périls ?

N'y a-t-il pas là, pour les biens des mineurs et des autres incapables, une cause d'infériorité et de discrédit ?

Ce sont des questions que l'expérience seule pourra résoudre, mais qui doivent, dès à présent, fixer votre attention et devenir l'objet de vos études.

L'exécution de la loi du 21 mai 1858 a beaucoup à attendre, monsieur le procureur général, de votre intelligente direction. Je vous prie de me tenir exactement informé de tout ce qui vous paraîtra de nature à en faciliter la marche, à en développer les avantages et à en compléter, au besoin, les dispositions.

Sans chercher à pressentir quelles pourraient être, dans l'avenir, toutes les conséquences des modifications que notre code de procédure vient de recevoir, tout annonce que ces salutaires innovations tendront à ramener peu à peu vers les placements immobiliers les capitaux que l'industrie et la spéculation sollicitent par de trop puissantes séductions. Restreinte aux aliénations sur saisie immobilière, la loi nouvelle n'exercera encore qu'une action limitée sur l'ensemble des transactions civiles ; mais le principe qu'elle

renferme est de ceux que le temps mûrit et féconde, et il est
dès à présent permis de prévoir qu'il devra un jour être
étendu à toutes les adjudications faites sous l'autorité de la
justice.

Ces points généraux exposés, je dois reprendre avec vous
les détails de la loi, et m'expliquer sur les principales mesures d'exécution qu'elle réclame.

L'art. 692 veut que tous les créanciers hypothécaires
soient avertis de la poursuite, et que le vendeur soit mis en
demeure d'exercer son action résolutoire. Il serait superflu
de s'occuper ici des créanciers inscrits, puisque la procédure qui les concerne n'a pas été modifiée. Quant au vendeur
au profit duquel a été prise d'office une inscription qui ne
contient pas d'élection de domicile (1), il doit être sommé à
son domicile réel; mais la sommation n'est obligatoire
qu'autant que ce domicile est situé en France.

Le vendeur demeurant à l'étranger n'en reçoit aucune : il
n'est informé directement ni des poursuites ni de l'adjudication ; mais, s'il éprouve un préjudice, il ne peut l'attribuer
qu'à son incurie, car il lui suffisait pour l'éviter de faire au
bureau des hypothèques une indication de domicile.

La remise de l'exploit au domicile réel peut donner lieu à
quelques difficultés dans la pratique. On ne peut douter que
la sommation ne soit valablement déposée au domicile du
vendeur, bien que celui-ci n'y réside pas, de même qu'elle
peut lui être faite en tout lieu, en parlant à sa personne.

Mais si le domicile énoncé dans l'inscription est inexact,
si, le créancier ayant changé de demeure, on ignore son nouveau domicile, c'est au poursuivant qu'incombe le soin de le
découvrir. « La loi, dit M. Delangle dans son rapport au Sénat, ne semble pas laisser la ressource créée par le droit
commun d'une signification au dernier domicile connu. C'est
du domicile réel que parle son texte, et c'est bien là que,
dans son esprit, la mise en demeure doit atteindre le vendeur
sous peine de manquer le but qu'on se propose. Toutefois,
comme il s'agit d'éteindre, à l'aide d'une déchéance, un

---

(1) Les inscriptions d'office sont valables quoique ne contenant pas
élection de domicile dans l'arrondissement. (Cour de cassation, 21 dé-
cembre 1824.)

droit précieux, le moyen le plus efficace qui appartienne au vendeur non payé, on comprend que la loi ait voulu que la déchéance fût acceptée, et elle ne pouvait avoir ce caractère qu'autant qu'elle était précédée d'un avertissement personnel. »

Lorsque le vendeur a éprouvé quelque changement dans son état, il est sommé à son nouveau domicile; s'il est mort, l'exploit est valablement déposé au domicile indiqué dans l'inscription (art. 2156 du Code Napoléon); il est inutile de le notifier individuellement à chacun de ses héritiers.

Je n'ai pas besoin d'ajouter que tout ce qui vient d'être dit du vendeur s'applique également aux personnes subrogées dans ses droits, et dont les subrogations sont régulièrement inscrites.

Les articles 692 et 696 règlent ensuite les formalités de la purge qui doivent désormais s'accomplir avant l'adjudication, et marcher concurremment avec la procédure de saisie.

La sommation, qui ne s'adressait jusqu'ici qu'aux créanciers inscrits, sera faite à l'avenir aux créanciers à hypothèques légales, et contiendra, à l'égard de ces derniers, l'avertissement que, pour conserver leurs hypothèques sur les biens saisis, ils devront les faire inscrire avant la transcription du jugement d'adjudication.

Les créanciers inscrits sont sommés au domicile élu dans leurs inscriptions. Il n'en peut être ainsi à l'égard des créanciers à hypothèques légales ; en l'absence d'une inscription régulière, ils sont sommés à leur domicile réel.

L'exploit est remis au subrogé tuteur, lorsque la tutelle du mineur ou de l'interdit appartient au saisi; au nouveau tuteur, si la tutelle du saisi a cessé; au créancier lui-même, s'il est devenu majeur. Ce point ne présente aucune difficulté; il en est autrement quand il n'existe ni tuteur ni subrogé tuteur.

Frappée des inconvénients que pouvait amener l'exécution rigoureuse du nouvel article 692, en obligeant le poursuivant à provoquer lui-même la nomination du tuteur ou du subrogé tuteur, la commission du Corps-Législatif avait proposé d'ajouter aux mots *subrogé tuteur* ceux-ci : *s'il en existe*

un (1); mais le Conseil d'Etat n'a pas accueilli cet amende-
ment; il est vrai que, dans la discussion, M. de Parieu,
commissaire du Gouvernement, a exprimé l'opinion qu'il
n'était pas nécessaire d'instituer un subrogé tuteur lorsqu'il
n'en existait pas (2).

Mais la jurisprudence, qui peut seule résoudre cette
question, ainsi que l'a reconnu M. le vice-président du
Conseil d'Etat, s'est déjà prononcée dans un sens opposé; la
cour de cassation, notamment, a décidé, dans un arrêt du
8 mai 1844 (5) :

« Que le législateur n'a pas dû supposer que des mineurs
ne fussent point pourvus de subrogé tuteur, puisque, aux
termes de l'article 420 du Code civil, dans toute tutelle il
doit y avoir un subrogé tuteur ;

» Que, d'après les articles 406 et 421 du même code, le
conseil de famille peut, pour la nomination d'un subrogé
tuteur, être convoqué sur la réquisition et à la diligence des
parties intéressées, même d'office, par le juge de paix,
auquel toute personne peut dénoncer le fait qui donne lieu à
cette nomination ;

» Que l'acquéreur qui connaît l'existence de mineurs pou-
vant avoir des hypothèques légales, l'acquéreur à qui, pour
la consolidation de sa propriété, des obligations sont imposées, est évidemment partie intéressée à faire nommer le
subrogé tuteur auquel il est tenu de faire la notification
prescrite. »

Le ministère public peut, sans doute, provoquer cette
nomination; mais les mesures qu'il est autorisé à prendre,
dans l'intérêt des incapables, ne sauraient diminuer les obligations imposées au poursuivant pour assurer la régularité
de la procédure et mettre à couvert sa responsabilité.

Au cas de décès de la femme, du mineur ou de l'interdit,
il a été entendu, dans la discussion au Corps législatif, qu'il
n'était pas nécessaire de rechercher les héritiers au-delà du
dernier domicile de l'incapable décédé (4). C'est en effet

---

(1) Rapport de M. Riché, pages 14 et 15.
(2) *Moniteur* du 14 avril 1858, colonne 6.
(3) Arr. cass. ch. civ. bullet. civ. 1844, n° 48.
(4) *Moniteur* du 14 avril 1858.

au lieu de l'ouverture de la succession que doivent se con·
centrer les investigations. Suivant le résultat des recherches
la sommation est faite à tous les héritiers collectivement,
comme dans l'hypothèse prévue par l'article 447 du code
de procédure civile, ou à chacun d'eux, à son domicile réel.
Lorsque les recherches ont été tout-à-fait infructueuses,
l'acte est signé au parquet suivant les règles ordinaires.

Cette sommation constitue, à l'égard des créanciers à
hypothèques légales, l'interpellation directe et personnelle
qui les lie à la poursuite; elle les met à même de surveiller
l'adjudication et d'enchérir, s'ils le jugent à propos; elle
doit désormais être faite, *à peine de nullité* (1), à la femme
du saisi et au subrogé-tuteur du mineur, ou de l'interdit,
dont l'existence est révélée au poursuivant par son titre.

Il est donc de l'intérêt autant que du devoir des officiers
ministériels de se pénétrer des nouvelles obligations qui
leur sont imposées; les omissions ou les erreurs dans l'accomplissement de ces formalités engageraient gravement
leur responsabilité.

Les notaires comprendront la nécessité de constater, avec
l'exactitude la plus scrupuleuse, dans les constitutions de
créances, aussi bien que dans les prêts hypothécaires, non-
seulement l'état civil proprement dit du débiteur, mais encore la date du décès de sa femme, l'époque et la cause de
la cessation de la tutelle, le nom du tuteur qui l'a remplacé
dans la tutelle et celui du subrogé tuteur.

C'est, en effet, dans l'acte qui forme son titre que le créancier doit puiser les renseignements dont il a besoin pour di-
riger les poursuites de saisie immobilière.

Aux termes d'une disposition ajoutée à l'article 696, l'extrait que l'avoué du poursuivant fait insérer dans un journal
du département doit reproduire l'avertissement dont parle
l'article 692, et qui est adressé d'une manière générale à
tous ceux du chef desquels il pourrait être pris inscription
pour raison d'hypothèques légales. Cette inscription a pour
effet de remplacer l'interpellation qu'avait prescrite l'avis
du conseil d'Etat du 1ᵉʳ juin 1807.

____

(1) Art. 715 du code de procédure civile.

Il est bien entendu, et ce point a été formellement déclaré
dans le rapport de la commission au Corps législatif, qu'il
n'est en rien dérogé à l'article 23 du décret organique de la
presse du 17 février 1852, et que ces insertions continueront
à être faites, à peine de nullité, dans le journal désigné
chaque année par le préfet pour recevoir les annonces judiciaires.

Toutes les insertions relatives à la même saisie doivent
avoir lieu dans le même journal; c'est le moyen de rendre
la publicité plus certaine et les surprises presque impossibles.
Néanmoins, si le journal qui a publié les premières affiches
avait cessé, pendant le cours de la procédure, d'être chargé
des annonces judiciaires, les insertions suivantes devraient
être faites dans la feuille désignée pour le remplacer.

Enfin, et c'est là, monsieur le procureur-général, un des
points sur lesquels votre attention aura à se fixer le plus sé-
rieusement, l'article 692 complète ces garanties en exigeant
que copie de la sommation et de l'avertissement destinés
aux créanciers à hypothèques légales soit notifiée au procureur impérial de l'arrondissement où les biens sont situés,
et en créant pour ce magistrat, non plus la faculté, mais le
devoir de requérir sur les biens saisis l'inscription des hypothèques légales existant du chef du saisi.

Lorsque la purge est opérée à la suite d'une aliénation volontaire, conformément à l'article 2194 du code Napoléon,
vos substituts n'interviennent qu'exceptionnellement et dans
une mesure que la circulaire du 15 septembre 1806 a pu
circonscrire sans danger. Dans le système qu'introduit la loi
nouvelle et que dirige le créancier poursuivant, la sollicitude
qui s'attache aux droits des femmes, des mineurs et des
interdits, exigeait que l'intervention du ministère public de-
vint, non plus l'exception, mais la règle.

Je n'ai pas besoin d'insister auprès de vous sur l'impor-
tance des intérêts qui se trouvent ainsi confiés à l'exactitude
et à la vigilance des procureurs impériaux.

L'inscription ne doit pas s'étendre au-delà des immeubles
compris dans la saisie, et le ministère public n'a pas à se
préoccuper des hypothèques légales qui peuvent exister sur
ces biens du chef des précédents propriétaires. La présomp-
tion d'insolvabilité qui frappe le saisi ne s'étend pas jusqu'à

eux. Toutefois le procureur impérial devra requérir une double inscription lorsque l'immeuble ne sera plus au moment des poursuites entre les mains du débiteur.

L'article 692 ne dit pas, il est vrai, s'il faut entendre par le *saisi* celui qui est tenu personnellement de la dette, ou le tiers dont la chose est expropriée. Mais, si le premier, contre lequel sont dirigés les actes d'exécution, est, dans le langage du droit, le véritable *saisi*, le second qui refuse de satisfaire aux causes de l'hypothèque, soit qu'il reste dans la procédure, soit qu'il délaisse l'immeuble, n'en subit pas moins l'expropriation d'un bien qui, en passant par ses mains, est devenu le gage de ses propres créanciers.

En imposant au ministère public un devoir plus rigoureux, la loi n'a en rien modifié les dispositions de l'article 2153 du code Napoléon relatives aux inscriptions d'hypothèques légales. Le procureur impérial continue donc à indiquer dans les bordereaux qu'il rédige les noms et le domicile réel de la femme, du mineur ou de l'interdit dans l'intérêt duquel il requiert; les noms, prénoms, profession et domicile du débiteur, ainsi que la nature des droits à conserver; il désigne les biens grevés, qui ne sont autres que ceux compris dans la saisie et dont il trouve la désignation soit dans la notification qui lui est faite, soit dans le cahier des charges déposé au greffe; il fait pour l'incapable une élection de domicile dans l'arrondissement, car les sommations de produire à l'ordre se font au domicile élu.

Les bordereaux sont dressés en double sur papier visé pour timbre en débet, et les frais des inscriptions sont avancés par l'administration de l'enregistrement, qui en poursuit le recouvrement contre le débiteur; le tout conformément aux articles 124 et 125 du décret du 18 juin 1811, et 2155 du code Napoléon.

Le conservateur auquel les deux bordereaux sont transmis renvoie au procureur impérial l'un des doubles, au bas duquel il certifie que l'inscription a été prise.

Le procureur impérial ne peut se borner à requérir l'inscription d'une manière générale pour le cas où le saisi serait marié ou tuteur; il doit agir dès que l'existence de la femme, du mineur ou de l'interdit lui est révélée par la notification qui lui est faite, et il n'a pas à se préoccuper du point de savoir s'ils ont des droits à exercer contre le saisi, s'ils trouveront un avantage sérieux à manifester leur hypothèque, ou si la femme ayant contracté la dette solidairement avec son mari a intérêt à inscription. L'article 692 lui impose une obligation absolue : l'inscription fût-elle déjà prise, le renouvellement en serait toujours utile pour en empêcher plus tard la péremption.

Il convient de dire toutefois que par ces mots, *hypothèques légales*, la loi nouvelle n'entend parler que des hypothèques des femmes, des mineurs et des interdits, telles qu'elles sont réglées par l'article 2135 du code Napoléon. L'intervention d'office du ministère public n'est donc exigée qu'autant que les hypothèques peuvent exister sans être inscrites ; elles cessent dès qu'elles sont soumises à la nécessité de l'inscription, c'est-à-dire, pour les femmes, une année après la dissolution du mariage ; pour les mineurs ou les interdits, un an après l'avénement de la majorité ou la levée de l'interdiction.

Lorsque, dans la notification qui lui aura été adressée, le procureur impérial trouvera la preuve de ces faits, il n'aura plus à requérir. Il s'abstiendra également, dans le cas où il lui serait justifié que l'hypothèque légale des femmes ou des mineurs a été restreinte à certains immeubles du mari ou du tuteur, conformément aux articles 2140, 2141, 2142, 2143, 2144 et 2145 du code Napoléon, et que les biens saisis en sont affranchis.

D'un autre côté, si le saisi a été chargé de plusieurs tutelles, ou si, veuf depuis moins d'une année, il a contracté un second mariage, le procureur impérial requerra autant d'inscriptions qu'il y aura de droits à conserver.

Les sommations faites aux incapables sont les seules dont copie soit notifiée au ministère public. L'exploit ne doit contenir rien d'étranger aux personnes dans l'intérêt desquelles le procureur impérial est tenu d'intervenir ; mais il est essentiel qu'il relate exactement la saisie et la désignation des immeubles qui en sont frappés, la date, le volume et le numéro de la transcription. Il importe également que les originaux des sommations dont il s'agit soient distincts et séparés de ceux relatifs à toutes autres personnes, de telle sorte que la notification faite au parquet ne contienne que les énonciations nécessaires à la rédaction des bordereaux que le procureur impérial doit préparer.

D'un autre côté, afin que ces actes ne puissent être confondus avec les autres exploits qui sont déposés au parquet, j'ai décidé :

1° Que le visa préparé sur l'original serait placé en tête et en marge de l'acte et conçu dans les termes suivants : « Vu et reçu copie au parquet, en exécution de la loi du 21 mai 1858, n°   du registre spécial. »

2° Que la copie porterait à la place correspondante cette mention : « Parquet, exécution de la loi du 21 mai 1858, n°   du registre spécial. »

3° Que le visa, en pareille matière, serait toujours revêtu, non d'un simple paraphe, mais de la signature du procureur impérial ou de son substitut.

4° Enfin, que, dans chaque parquet, il serait ouvert un registre particulier, conforme au modèle ci-annexé, n° 3, et sur lequel seront portés dans des colonnes distinctes, suivant l'ordre de la réception de la copie, le nom du saisi, le nom du poursuivant, les dates de la transcription de la saisie, de la notification au parquet de l'envoi des bordereaux au conservateur, et de l'inscription.

Les dispositions ajoutées à l'article 717 sont, sans contredit, les plus importantes de la loi, à raison des principes qu'elles consacrent et des conséquences qu'elles entraînent, mais elles comportent peu de développement sous le rapport des détails d'exécution.

D'une part, la transcription du jugement d'adjudication purge toutes les hypothèques ; d'un autre côté, les femmes. les mineurs et les interdits peuvent obtenir une collocation sur le prix, quoiqu'ils aient perdu tout droit de suite sur l'immeuble par défaut d'inscription.

En concédant ce droit nouveau, qui s'applique aussi bien aux aliénations volontaires qu'aux adjudications sur saisie (1). le législateur l'a réglementé et a, dans plusieurs articles, posé les conditions de son exercice. Ces conditions varient selon que l'ordre est réglé à l'amiable ou judiciairement. Lorsque, à la suite d'une vente forcée, l'ordre a lieu amia-

___

(1) Article 772.

blement, la femme, le mineur et l'interdit sont admis a y
faire valoir leurs droits jusqu'à la clôture, c'est-à-dire tant
que le procès-verbal de distribution du prix n'a pas été
dressé par le juge (articles 751, 752).

S'agit-il d'un ordre judiciaire, le terme imparti aux
créanciers inscrits pour produire leurs titres et pour former
leur demande en collocation entraîne de plein droit déchéance contre les créanciers à hypothèques légales (articles 754 et 755).

Après une aliénation volontaire, quand l'acquéreur a
accompli les formalités de purge prescrites par les articles 2194 et 2195 du code Napoléon, il suffit, pour que les
incapables soient colloqués :

1° Qu'un ordre soit ouvert dans les trois mois qui suivent
l'expiration du délai prescrit par l'article 2195 pour l'inscription de leurs droits ;

2° Qu'ils interviennent soit avant la clôture de l'ordre
amiable, soit, quand l'ordre est réglé judiciairement, avant
que la déchéance n'ait été encourue par les créanciers
inscrits.

L'article 772, qui le décide ainsi, entraîne plusieurs
conséquences que M. Riché signalait en ces termes dans son
rapport au Corps-Législatif (p. 27) : « Si cet ordre prompt
n'intervient pas, s'il n'y a pas d'ordre, le droit de préférence
est éteint, sans qu'on ait besoin de lui opposer la barrière
d'un transport du prix de vente.

» Si les créanciers inscrits, voulant laisser le droit de
préférence s'écouler et se perdre par le laps de temps,
retardent l'ordre à dessein, nul doute que le titulaire ou le
défenseur de l'hypothèque légale ne puisse provoquer cet
ordre.

» Si même, avant l'expiration de trois mois, les créanciers inscrits font entre eux un ordre amiable, notarié ou
sous seing privé, que l'art. 772 n'interdit pas, la clôture de
cet ordre ayant date certaine pourra être opposée à l'hypothèque légale. »

Enfin, lorsque les créanciers inscrits étant moins de quatre
il y a lieu de procéder par voie de jugement d'attribution de
prix, en conformité de l'art. 773, les hypothèques légales
ne peuvent élever de réclamations qu'autant que les hypo-

théques inscrites ont encore ce droit. (Rapp. de M. Riché, page 26.)

L'art. 838, qui fixe les effets de l'adjudication après surenchère sur aliénation volontaire, a été modifié dans sa rédaction, mais ce changement n'entraîne aucune conséquence qu'il soit utile de signaler.

DEUXIÈME PARTIE.

Modifications au titre de l'ordre.

(Code de procédure civile, art. 749 à 779.)

Les procédures d'ordre qui ont pour objet de distribuer entre les créanciers le prix des immeubles aliénés laissent en souffrance des capitaux considérables. Elles ont été jusqu'ici soumises à de regrettables lenteurs.

Malgré d'incontestables améliorations et de louables efforts, les résultats généraux laissaient encore beaucoup à désirer.

La statistique civile constate qu'avant la promulgation de la loi nouvelle, le tiers seulement des ordres était terminé dans les six mois de l'ouverture, et les mercuriales annuelles signalent des ordres qui ont duré cinq ans, huit ans, ou même dix années (1).

La loi du 21 mai 1858 a eu pour but de remédier à cet état de choses, en abrégeant les délais, en simplifiant les formalités, en diminuant les frais.

« Ce que la loi a voulu surtout, et avec raison (a dit M. Delangle dans son rapport au Sénat), c'est éviter des frais qui diminuent le gage commun, supprimer les lenteurs calculées ou involontaires, et faire en sorte que chaque créancier reçût, dans le plus bref délai possible, ce qui lui appartient.

Le code de procédure laissait à l'intérêt des parties et à la diligence des officiers ministériels le soin d'accélérer la marche de l'ordre et d'en hâter la conclusion. Mais l'expérience a démontré l'insuffisance de ce mode d'action. L'ar-

---

(1) On ne peut douter que les difficultés des ordres et l'incertitude de l'époque du remboursement ne soient une des causes qui contribuent le plus à éloigner les capitaux des placements hypothécaires.

ticle 749 permet de confier à un juge spécial la mission de
présider à l'accomplissement des formalités de la procédure. Cette mesure, qui est depuis longtemps en vigueur au
tribunal de la Seine, et qui a déjà pour elle la sanction de la
pratique, a pour but de concentrer la responsabilité sur un
seul magistrat, et d'assurer à cette branche du service l'unité
de direction et l'uniformité de principes dont elle a besoin.

Le juge spécial peut être choisi parmi les juges suppléants. Les jeunes magistrats trouveront là une occasion de
mettre en relief leur zèle et leur capacité, et d'appeler
honorablement sur eux l'attention des chefs de la cour au
ressort de laquelle ils appartiennent.

J'apprécie, comme je dois le faire, tout ce que le règlement d'un ordre réclame de soin et d'instruction. Je sais que
cette difficile et modeste tâche n'offre pas à celui qui s'y
dévoue l'éclat et les brillantes compensations qui se ren-
contrent dans d'autres travaux. Vous me signalerez, Monsieur le procureur général, les juges commissaires qui se
seront fait remarquer par leur aptitude, par leur activité,
par les résultats obtenus, et vous me trouverez toujours dis-
posé à leur tenir compte de ces utiles efforts, comme d'un
titre de plus à la bienveillance du gouvernement de l'Empereur.

La mission du juge spécial est temporaire. Nommé pour
un an au moins, ou trois ans au plus, il peut, après l'expiration d'une première période, être chargé de nouveau des
mêmes fonctions ou remplacé par un autre magistrat. Vous
aurez à vous concerter avec M. le premier président afin de
me faire, aux époques nécessaires et dans la forme tracée
par ma circulaire du 22 juin dernier, les propositions que
les besoins des tribunaux de votre ressort pourront récla-
mer. Vous ne perdrez pas de vue que la nomination par décret d'un juge spécial n'est pas une mesure obligatoire et
générale, qu'elle n'est que facultative et subordonnée à des
exigences de service qui doivent être sérieuses et constatées.
Vous veillerez, enfin, à ce que les magistrats chargés de
cette mission ne se croient pas pour cela dispensés du service
de l'audience.

Dans les tribunaux où le nombre des ordres ne justifierait
pas la nomination d'un juge spécial, il convient et il est dans

l'esprit de la loi nouvelle que toutes les procédures d'ordre soient, autant que cela est compatible avec le bien du service, confiées par le président au même magistrat.

Les cas d'empêchement ou d'absence sont prévus et réglés. Vous tiendrez la main à ce que, dans chacun des tribunaux où il existe un juge spécial, le greffier ouvre immédiatement le registre prescrit par l'art. 749, et sur lequel doivent être portées les ordonnances du président qui pourvoient au remplacement du juge absent ou empêché.

La loi confie au juge commissaire la direction de l'ordre, et l'arme de pouvoirs suffisants pour stimuler l'activité des officiers ministériels. Afin de rendre cette tâche plus facile, j'ai décidé qu'il serait ouvert au greffe un registre conforme au modèle n° 6 ci-joint, indiquant dans des colonnes distinctes toutes les phases de la procédure. Le juge commissaire y fera mentionner successivement l'exécution des formalités accomplies, et pourra, par le seul examen des mentions qui y seront portées, se rendre exactement compte de l'état des procédures.

Le service des ordres est placé sous le contrôle direct et permanent du tribunal, sous celui du premier président et sous le vôtre. Vous ne devez négliger aucun moyen de vous assurer que les procédures sont dirigées avec l'activité désirable.

Vos substituts, en vérifiant chaque mois les minutes du greffe, se feront représenter le registre dont je viens de parler et lui consacreront une mention spéciale dans leur procès-verbal. Ils vous transmettront, en outre, dans les dix premiers jours de chaque trimestre, un extrait de ce registre, certifié par le greffier, contenant tous les ordres pendants et constatant la situation de chacun d'eux. Enfin à la première audience civile des mois de janvier, avril, juillet et octobre, le président du tribunal fera faire publiquement l'appel de tous les ordres non terminés.

La loi du 23 mars 1855, qui a rendu obligatoire la transcription du jugement d'adjudication n'avait prescrit aucun terme pour l'accomplissement de cette formalité. Il n'en est plus ainsi : la transcription doit avoir lieu dans les 45 jours qui suivent le jugement, s'il n'est frappé ni de surenchère ni d'appel. Dans ces deux derniers cas, le délai court à

partir du jour de l'arrêt ou de l'adjudication sur surenchère.

Aux termes de la loi nouvelle, l'adjudicataire négligent
est poursuivi comme fol enchérisseur, sans préjudice, bien
entendu, des cas prévus par l'article 713 du code de procédure ; la poursuite a lieu conformément à l'article 735,
sur le certificat délivré par le conservateur des hypothèques constatant que la transcription n'a pas été faite.

Cette formalité, nécessaire pour arrêter le cours des inscriptions, est le préliminaire indispensable de l'ordre.

Bien que le jugement d'adjudication soit signifié au saisi
suivant les règles ordinaires de la procédure (article 716),
ce n'est plus du jour de cette signification, mais du jour
de la transcription au bureau des hypothèques que part le
délai pour l'ouverture de l'ordre. Dès que cette transcription a été faite, l'adjudicataire, le créancier le plus diligent,
ou le saisi lui-même, requiert l'ouverture du procès-verbal d'ordre, mais il n'est admis à faire sa réquisition qu'en
remettant au greffe l'état des inscriptions indispensable au
juge pour faire convoquer les créanciers.

La remise de cet état et la réquisition d'ouverture du
procès-verbal sont constatées dans un seul et même acte,
qui est inscrit sur le registre des adjudications.

Le juge annexe l'état des inscriptions au procès-verbal,
et le droit de 3 francs fixé par le décret du 18 juillet 1808
pour dépôt de cet état est perçu lors de l'enregistrement de
l'ordonnance de clôture de l'ordre.

Le saisissant a, comme par le passé, la préférence pour
la poursuite d'ordre ; mais, s'il n'imprime pas à la procédure l'activité nécessaire, les autres créanciers en prennent
à sa place la direction.

Dans les tribunaux où il n'y a qu'un juge spécial, le poursuivant n'aura à requérir la nomination du juge-commissaire que si le juge spécial est absent ou empêché.

Dans les autres tribunaux, il requerra la nomination du
juge, qui sera faite par le président, à la suite de la réquisition, sur le registre des adjudications.

C'est au président qu'il appartient de répartir les ordres
entre les divers juges spéciaux d'un même siége.

Le code de procédure ajournait l'ordre judiciaire pendant

un mois pour laisser aux créanciers le temps de s'entendre entre eux ; mais ces tentatives d'arrangement échouaient le plus fréquemment. « Votre commission, disait M. Riché dans son rapport au Corps législatif, a voulu tirer de ce délai un parti plus fécond en créant ce qui manquait, c'est-à-dire le centre commun, l'agent désigné de la conciliation, le rendez-vous obligatoire auprès de cet agent. »

L'ordre amiable, introduit par la loi du 21 mai 1858 (art. 751), est donc une procédure toute nouvelle dans notre législation. Elle réclame des règles particulières.

Elle n'a pas pour objet de remplacer l'ordre fait devant notaire par suite de l'accord des créanciers avec l'adjudicataire et le saisi, accord qui peut toujours avoir lieu lorsque les parties sont majeures et maîtresses de leurs droits.

Entre cette convention et l'ordre judiciaire, dans un double but d'économie et de rapidité, le législateur a placé l'ordre amiable, qui n'est autre chose qu'un règlement fait en justice sans les formalités ordinaires. Il doit être tenté, quel que soit le nombre des créanciers inscrits.

Dans le délai de l'article 751, le juge-commissaire fixe le jour et l'heure de la réunion. L'état des inscriptions déposé par le poursuivant sert de base aux convocations, qui sont préparées par le greffier et adressées par lui aux créanciers inscrits, à l'adjudicataire et au saisi.

D'après les dispositions arrêtées de concert entre le département des finances et le mien, les lettres seront conformes au modèle n° 4 ci-joint, tant pour le format que pour les énonciations. Elles seront délivrées par le greffier sur papier non timbré, au nom et sous la surveillance du juge-commissaire, et expédiées par la poste sous bande simple, scellée du sceau du tribunal, avec affranchissement.

Le greffier remettra les lettres au guichet du bureau de poste pour les faire charger. Cette remise sera accompagnée d'un bulletin sur papier libre, conforme au modèle n° 5 et énonçant le numéro de l'ordre, le nom du saisi ou du vendeur, le nombre de lettres et la suscription de chacune d'elles.

Toutes ces mentions seront inscrites sur le bulletin par le greffier, afin que le préposé de l'administration des postes n'ait plus à y porter que la date du dépôt des lettres, leur nombre et le montant de l'affranchissement perçu. Le préposé signera le bulletin ainsi rempli et le remettra au greffier. Chaque lettre sera passible , indépendamment de la taxe ordinaire (10 c. ou 20 c.), du droit fixe de 20 c. pour chargement, comme toute lettre chargée, mais elle est dispensée des formalités de fermeture spéciales qu'entraîne le chargement ordinaire.

Les frais seront avancés par le poursuivant au greffier.

Le bulletin sera représenté au juge, qui le joindra au procès-verbal et pourra ainsi constater la régularité de la convocation et prononcer l'amende contre les créanciers non comparants.

Il ne sera perçu aucun droit d'enregistrement ou de greffe pour l'annexe de ce bulletin au procès-verbal.

Chaque créancier est convoqué non-seulement à son domicile élu , mais encore à son domicile réel, pourvu qu'il soit fixé en France.

Les lettres adressées au domicile élu doivent porter sur la suscription , à la suite du nom du créancier , ces mots : *ou , en cas d'absence , à M.* (nom et qualité de la personne chez laquelle élection de domicile a été faite).

Celles qui ne parviennent pas au destinataire sont renvoyées au greffier du tribunal dont elles émanent , au lieu d'être remises au bureau des rebuts de l'administration centrale des postes.

Bien que l'article 751 ne s'explique pas sur la rétribution due aux greffiers pour la préparation des lettres de convocation, je ne vois pas d'inconvénient à ce qu'il leur soit alloué 20 centimes par lettre , par analogie des dispositions de l'ordonnance du 9 octobre 1825 , article 1", n° 77, et du décret du 24 mai 1854.

Vous ne perdrez pas de vue que les lettres de convocation ne doivent parvenir aux destinataires que par la voie de la poste. Afin d'éviter les fraudes auxquelles cette partie du service peut donner lieu , j'ai décidé que le greffier remettrait au poursuivant un état indiquant le numéro de l'ordre, le nom du saisi et celui du vendeur , le nombre des lettres de convocation, les déboursés pour droits de poste et les émoluments perçus.

Le juge, avant de taxer les frais , n'aura , pour s'assurer

de la sincérité de cet état, qu'à le comparer avec le bulletin signé par le préposé de l'administration des postes et annexé au procès-verbal.

Les créanciers qui ne satisfont pas à la convocation qu'ils ont reçue sont condamnés à 25 francs d'amende. Il est dans le vœu du législateur qu'ils comparaissent en personne ; toutefois il a été entendu qu'ils pouvaient se faire représenter par des fondés de procuration, ou être assistés de conseils ; mais ils ne peuvent, en général, se borner à faire connaître par lettre au juge-commissaire leurs prétentions ainsi que les concessions qu'ils sont prêts à faire.

Les termes généraux dans lesquels l'article 751 est conçu comportent cependant, dans l'exécution, certains tempéraments qui rentrent manifestement dans l'esprit de ses dispositions. On peut donc admettre sans difficulté que le créancier qui a reçu son paiement, mais dont l'inscription n'a pas été radiée, ou celui qui, ne venant pas en ordre utile, renonce à faire valoir ses droits, ou enfin que la personne convoquée par erreur, évitent les frais d'un déplacement inutile ou d'une procuration, en faisant connaître par écrit au juge-commissaire qu'ils sont étrangers à l'ordre ou qu'ils sont désintéressés.

Mais c'est au créancier à prendre les mesures nécessaires pour que sa déclaration parvienne au juge-commissaire. Sa lettre, d'ailleurs, qui reste annexée au procès-verbal, doit être conçue avec clarté et précision et ne contenir aucune réserve ; enfin sa signature doit être légalisée par le maire de la commune où il réside.

La loi n'autorise à accorder aucune indemnité de voyage ou autre à ceux qui ont satisfait à la convocation, bien qu'ils n'aient obtenu aucune collocation.

Quant à la personne appelée par erreur, elle a son recours, selon les circonstances, contre le greffier ou contre le conservateur des hypothèques.

Les considérations qui ont déterminé le législateur à tenter l'ordre amiable ne permettent pas de penser que les créanciers soient astreints à recourir au ministère des avoués ; le réglement a lieu sous la médiation du juge, mais il s'accomplit amiablement, c'est-à-dire sans procédure. Le créancier a donc le libre choix de son mandataire, et, lorsqu'il se présente en personne, il peut se faire accompagner d'un avocat ou d'un avoué; mais les honoraires du conseil, comme ceux du mandataire, restent à sa charge, et ne peuvent en aucun cas, être prélevés sur la somme en distribution.

Le délai pour la tentative de règlement amiable est d'un mois à partir du jour de la réquisition d'ouverture du procès-verbal, lorsqu'il existe un juge spécial, ou de la nomination du juge-commissaire. Si la première réunion est infructueuse, le juge en indique une ou plusieurs autres, sans nouvelles convocations et sans frais.

En l'absence d'un créancier, il apprécie s'il convient de renvoyer l'assemblée à un autre jour ou de la tenir immédiatement, sauf à régulariser ultérieurement le procès-verbal par l'adhésion que le créancier peut fournir dans le mois.

Les créanciers à hypothèques légales qui n'ont pas pris d'inscriptions doivent, s'ils veulent être colloqués, déposer au greffe leurs titres avec acte de produit, et faire mention de ce dépôt sur le procès-verbal d'ordre.

Il en est de même des créanciers chirographaires qui ont intérêt à surveiller la distribution du prix.

La réunion a lieu sous la présidence du juge-commissaire. Après l'appel des personnes convoquées, l'avoué poursuivant expose l'objet de la réunion. Chacun des créanciers justifie de son identité, fait connaître ses prétentions et dépose ses titres à l'appui.

Au surplus, la loi n'a prescrit aucune forme, n'a tracé aucune règle spéciale. Le juge auquel elle confie la direction du débat suit la marche qui lui paraît de nature à concilier tous les intérêts. Ne s'élève-t-il aucune difficulté, il dresse procès-verbal de la distribution du prix, ordonne la délivrance des bordereaux aux créanciers utilement colloqués et la radiation des inscriptions qui ne viennent pas en ordre utile.

Mais si des contestations surgissent, il appelle l'examen sur chacune d'elles et cherche à rapprocher les parties; son expérience, l'autorité de son caractère, lui assurent une influence qui, dans la plupart des cas, rendent son intervention efficace et décisive.

Rien ne s'oppose à ce que le règlement amiable ne soit

que partiel, car il est dans le vœu de la loi de hâter, par tous les moyens légitimes, le moment où les créanciers recevront leur paiement. Lors donc que tous les membres de l'assemblée sont d'accord pour reconnaître la justice des prétentions des créanciers premiers inscrits, et qu'il ne s'élève de difficulté qu'à l'égard des inscriptions postérieures, le juge arrête l'ordre pour les créanciers non contestés, et ordonne à leur profit la délivrance des bordereaux de collocation.

Il a même la faculté, selon les circonstances et quand les contestations ne s'adressent qu'à un nombre limité de créances, de régler l'ordre et de l'arrêter à l'égard des créanciers dont les demandes sont unanimement admises, à la condition toutefois de réserver somme suffisante pour désintéresser, suivant les éventualités du procès, ceux qui ne peuvent être dès à présent colloqués.

Cette manière d'opérer, que l'article 751 n'interdit pas, a le double avantage de procurer à ceux dont les droits sont établis un remboursement immédiat et sans frais, et de permettre en même temps aux créanciers contestés, lorsque leur nombre n'excède pas trois, de procéder par voie d'attribution de prix, au lieu de recourir aux formalités longues et dispendieuses de l'ordre judiciaire.

Quant aux créances conditionnelles ou indéterminées, elles sont réglées conformément aux principes du droit en cette matière.

Le règlement ne souffre aucune difficulté lorsque le créancier, mineur ou incapable, reçoit son paiement intégral : mais s'il ne doit obtenir qu'un remboursement partiel ou s'il ne vient pas en ordre utile, le règlement amiable peut-il aboutir ?

Le représentant de l'incapable, qui n'a qualité que pour les actes d'administration, peut-il l'accepter sans recourir aux formalités prescrites pour les transactions ? c'est une question que la jurisprudence aura à résoudre. Constatons seulement que la commission du Corps législatif a paru considérer le consentement au règlement amiable, beaucoup moins comme une transaction que comme un acte d'administration; en se bornant à reconnaître l'exactitude d'un fait dont le magistrat seul est appelé à tirer les conséquences, le tuteur n'abandonne ni ne compromet les intérêts dont la gestion lui est confiée.

Le juge, dans l'ordre amiable organisé par l'article 751, n'est pas seulement chargé de constater l'accord des parties et de donner l'authenticité à leurs conventions. Bien qu'investi d'une mission de conciliation, il n'en conserve pas moins son caractère propre. Les créanciers sont convoqués devant lui pour se régler amiablement entre eux, c'est-à-dire pour établir ou contester contradictoirement et sans formalités de procédure la réalité de leurs droits et le rang qui appartient à chacun d'eux.

Mais c'est le juge seul qui procède à l'ordre, et il ne donne sa sanction à l'arrangement des créanciers qu'autant qu'il le trouve conforme aux règles de la justice.

Le procès-verbal qu'il rédige, le greffier tenant la plume, relate l'exposé des faits présentés par l'avoué poursuivant sous sa responsabilité, la convocation des créanciers, l'annexe du bulletin de chargement, la comparution des parties, l'accord des créanciers, et, suivant les circonstances, renvoie les parties à l'audience, ou contient la distribution totale ou partielle du prix.

Il est signé par le juge et par le greffier, car c'est un acte du juge, et ne diffère point du règlement qui met fin à l'ordre judiciaire. Le conservateur des hypothèques est tenu d'exécuter l'ordonnance qui le termine.

A défaut d'ordre amiable, le procès-verbal n'est clos qu'à l'expiration du mois.

Il constate les incidents qui se sont produits et qui ont empêché la conciliation, et ce n'est qu'à ce moment que le juge prononce l'amende contre les non comparants. Il agit, d'ailleurs, sans nouvelle réquisition du poursuivant, déclare l'ordre ouvert et commet un ou plusieurs huissiers à l'effet de sommer les créanciers de produire. Pour empêcher le retour d'anciens abus, l'article 752 déclare expressément que cette partie du procès-verbal ne pourra être expédiée ni signifiée.

L'état des inscriptions reste au greffe, car il est nécessaire au tribunal pour statuer sur la demande en attribution de prix, s'il y a moins de quatre créanciers inscrits, ou au juge-commissaire pour procéder au règlement de l'ordre judiciaire.

L'article 753 fixe le délai (huit jours) dans lequel l'avoué poursuivant est tenu de dénoncer l'ouverture de l'ordre à l'avoué de l'adjudicataire, et de faire, à chacun des créanciers inscrits, sommation de produire. Cet acte relate les circonstances principales de la poursuite, et contient, en outre, l'avertissement spécial que, faute de produire dans les quarante jours, le creancier sera déchu.

L'original en est remis au juge, qui en fait mention sur le procès-verbal, et qui s'assure que les huissiers commis ont accompli leur mission.

Le délai de la production, qui n'était que d'un mois, d'après le code de procédure, est porté à quarante jours, par l'article 754. Il court, pour chaque créancier à partir de la sommation qui lui est faite.

Les créanciers à hypothèques légales qui n'ont pas fait inscrire leurs droits, mais qui veulent profiter du bénéfice de la disposition du nouvel article 717, déposent au greffe leurs titres avec acte de produit signé par leur avoué et contenant demande en collocation. Mais ce dépôt, dont il est fait mention sur le procès-verbal, ne peut plus être effectué utilement lorsque le dernier créancier sommé a encouru la déchéance.

Aux termes de l'art. 785, les créanciers non produisants dans le délai sont déchus de plein droit. Aucune latitude n'est laissée au juge. A l'expiration des quarante jours, il constate la déchéance immédiatement et d'office sur le procès-verbal.

Le délai ne peut être prorogé sous aucun prétexte. Ainsi se trouvent supprimées ces productions tardives qui, dans l'ancienne procédure, entravaient si souvent la marche des ordres et en empêchaient la conclusion.

« Cette déchéance encourue par les créanciers non produisants dans le délai, dit M. Riché dans son rapport au Corps législatif, est l'une des plus graves innovations du projet de loi. Elle a excité des réclamations de la part de quelques officiers ministériels. Votre commission a pensé, avec le Gouvernement, que l'efficacité de la loi était surtout au prix de cette déchéance. L'expérience a condamné l'inconséquence du code actuel qui, après avoir prescrit la production dans le mois de la sommation, permet en fait de ne produire qu'après ce délai, et même qu'après la confection de l'état de collocation... La seule sanction sérieuse du délai est la forclusion. »

Il est prescrit au juge-commissaire de dresser l'état de collocation dans les vingt jours qui suivent l'expiration du délai de production. Mais c'est là un maximum qui ne doit être que rarement atteint ; et, dans la plupart des ordres où les créanciers sont peu nombreux et qui ne présentent pas de questions délicates, le travail peut être promptement terminé.

Une procédure d'ordre doit toujours être conduite avec célérité ; le bien public l'exige autant que l'intérêt des justiciables. Ce n'est, d'ailleurs, qu'en donnant l'exemple de l'activité que le juge stimulera le zèle des officiers ministériels, et imprimera aux procédures une marche rapide.

La confection de l'état de collocation, qui doit être le résultat de son travail personnel, exige de sa part, autant d'attention que de prudence. « La matière des hypothèques et la procédure d'ordre qui en est la mise en œuvre, *disait au Sénat M. Delangle,* sont au nombre des plus compliquées et des plus difficiles qu'offrent nos lois civiles. Pour s'y mouvoir avec rapidité et certitude, il est nécessaire de joindre, à une science vraie, des idées d'application que donnent seules l'habitude et l'expérience. »

Le juge ne peut donc abandonner ce travail aux soins du greffier ou de l'avoué poursuivant ; si de semblables abus s'introduisaient dans quelques-uns des tribunaux de votre ressort, vous auriez à m'en rendre compte immédiatement. C'est un point que je confie à votre vigilance et à votre sollicitude.

Dans les dix jours de la confection de l'état de collocation, l'avoué poursuivant la dénonce aux créanciers produisants, ainsi qu'à la partie saisie, sous peine d'être déchu de la poursuite (article 776).

L'article 756 tranche une question controversée en déclarant que le saisi sera forclos comme les créanciers produisants, à défaut d'avoir contredit l'état dans les trente jours.

L'article 2192 du code Napoléon, prévoyant le cas où plusieurs immeubles ont été aliénés volontairement pour un seul et même prix , décide que le prix de chaque immeuble frappé d'inscriptions particulières et séparées , sera déclaré dans la notification du nouveau propriétaire qui veut purger par ventilation du prix total exprimé dans le titre.

Mais, lorsque l'adjudication a lieu à la suite d'une saisie immobilière, il faut déterminer, après coup , la portion de prix afférente à chacune des parcelles qui sont grevées d'hypothèques différentes (article 2211, code Napoléon).

Le code de procédure ne contenait aucune règle spéciale pour la ventilation, ce qui amenait dans la pratique beaucoup d'hésitation et d'incertitude. La loi du 21 mai 1858 trace une procédure sommaire qui permet au juge de réunir avec rapidité des éléments d'appréciation , et de résoudre la difficulté.

Sur la réquisition des parties , ou d'office , par une ordonnance inscrite sur le procès-verbal, il nomme un ou trois experts, fixe le jour où il recevra leur serment et le délai dans lequel ils devront déposer leur rapport.

L'expert qui ne remplirait pas sa mission, après avoir prêté serment, s'exposerait à une poursuite en dommages-intérêts, conformément à l'article 316 du code de procédure.

Le rapport qui est rédigé d'une manière sommaire et qui est annexé au procès-verbal, ne peut être levé ni signifié ; mais la partie qui n'en accepte pas les conclusions peut contester l'état de collocation dans les points qui lui font grief.

L'article 757 ne s'applique pas au cas où la ventilation est requise après la dénonciation du règlement provisoire et par voie de contredit consigné au procès-verbal. Le juge-commissaire qui ne peut plus modifier l'état de collocation renvoie les parties à l'audience, et la ventilation est ordonnée, s'il y a lieu, par le tribunal.

Plusieurs améliorations résultent de l'article 758.

1° Tout contestant motive son dire , qui est daté et signé par son avoué et qui tient lieu de ses conclusions (article 761).

Il produit toutes pièces à l'appui, c'est-à-dire qu'il les dépose au greffe.

Désormais c'est le juge-commissaire qui fixe le jour où les

contestations seront vidées, et commet un avoué pour suivre l'audience. Les contestants figurent seuls dans le débat avec les contestés et l'avoué du dernier créancier colloqué.

Ces mesures empêcheront des contestations irréfléchies, des lenteurs et des frais inutiles.

2° Avant de renvoyer les contestants à l'audience, le juge pourvoit à l'intérêt des créanciers dont les collocations ne sont point attaquées, comme il le faisait déjà sous l'empire du code de procédure; il arrête l'ordre et ordonne la délivrance des bordereaux de collocation pour les créances antérieures à celles contestées.

Le nouvel article 758 l'autorise, en outre, à faire un règlement définitif pour les créances postérieures, en réservant une somme suffisante pour désintéresser les créanciers contestés. Mais c'est là une faculté dont le juge-commissaire usera avec prudence et lorsque la mesure lui paraîtra sans inconvénient.

Ces règlements partiels présentent des avantages réels, puisqu'ils assurent le remboursement immédiat des créances légitimes, et qu'ils simplifient notablement l'ordre, dans lequel on ne voit plus figurer que ceux dont les prétentions ont donné lieu à des contredits.

L'article 759 détermine le délai dans lequel le juge-commissaire est tenu de faire la clôture de l'ordre, lorsqu'il ne s'est élevé aucune contestation.

En chargeant ce magistrat de liquider les frais de radiation et de poursuite d'ordre, aussi bien que ceux des créanciers colloqués en ordre utile, il reproduit presque textuellement l'ancien article du code de procédure.

Il importe que les avoués déposent promptement au greffe leurs états de frais, afin de ne pas entraver le travail du juge-commissaire.

Quant à l'article 761, il a pour objet de mettre un terme à l'abus des remises sollicitées sous prétexte de recherche ou de production de nouvelles pièces. Il décide, en outre, une question jusqu'alors très-controversée, en déclarant que les contestations sont jugées comme affaires sommaires, et régies, en ce qui touche la taxe des dépens, par l'article 67 du décret du 16 février 1807. La procédure se borne à un simple acte signifié à la diligence de l'avoué commis, con-

tenant avenir pour l'audience fixée par le juge, et à des conclusions motivées de la part des contestés.

Les articles 762, 763, 764, tranchent plusieurs questions
importantes, mais ne comportent aucune explication parti-
culière. Vous remarquerez seulement que la procédure devant la cour est sommaire comme elle l'est en première
instance.

L'époque du règlement définitif de l'ordre est déterminée
par l'article 765. « A ce moment, disait M. Riché au Corps
législatif, les intérêts dus par le saisi cessent, et font place
aux intérêts dus par l'adjudicataire ou par la caisse des
consignations. C'est ce que votre commission, dont la rédaction est devenue plus substantielle entre les mains du
conseil d'Etat, a exprimé par une disposition moins équi-
voque que celle de l'ancienne loi, qu'avait copiée le
projet. »

L'article 766 introduit d'excellentes réformes : Les dépens des contestations étaient souvent employés en frais
d'ordre, et retombaient ainsi à la charge du dernier créancier colloqué; désormais, ils ne pourront être pris sur les
deniers provenant de l'adjudication, à moins qu'il ne s'agisse
d'un créancier dont la collocation, rejetée d'office malgré
une production suffisante, a été admise par le tribunal, ou
de l'avoué chargé de représenter les créanciers postérieurs
aux collocations contestées. A part ces deux exceptions, le
principe est absolu.

Lors même que le contredit profiterait à la masse commune, le mobile de ce contredit n'en étant pas moins l'intérêt du contredisant, celui-ci supporte les frais du procès
qu'il a soulevé et qu'il a perdu.

L'article va plus loin et autorise le tribunal à condamner
aux dépens celui qui obtient gain de cause, s'il est établi qu'il
a mis de la négligence dans la production des pièces : disposition sévère, mais juste, puisque, en fournissant dès l'a-
bord ces pièces décisives, le créancier aurait évité le contredit et le jugement.

Enfin, les frais à la charge du contestant téméraire sont
prélevés sur sa collocation.

On s'était demandé, sous le code de procédure, s'il existait un recours contre l'ordonnance de clôture de l'ordre.

Tout le monde s'accordait à refuser aux créanciers qui n'avaient pas contesté le règlement provisoire, le pouvoir de remettre en question les bases de ce règlement, l'existence, la quotité, le rang des créances. Mais il n'était pas impossible que des erreurs se fussent glissées dans le règlement définitif, ou que le juge-commissaire eût excédé ses pouvoirs.

La jurisprudence était profondément divisée sur le point de savoir si l'ordonnance de clôture devait être attaquée par la voie de l'appel ou par la voie de l'opposition, et dans quel délai ce recours pouvait être exercé.

La nouvelle loi « rend un triple service aux justiciables (pour employer les expressions de M. Riché) en tranchant la difficulté, en choisissant le mode d'opposition devant le tribunal même, comme le plus économique, et en organisant une procédure assez simple pour la juger. » Le poursuivant dénonce l'ordonnance de clôture dans les trois jours de sa date par acte d'avoué à avoué. L'opposition est formée, à peine de nullité, dans la huitaine de la dénonciation ; elle est jugée dans la huitaine suivante, comme affaire urgente et sommaire.

Bien que l'article 767 ne s'explique pas bien sur ce point, l'opposition est faite au greffe par un dire consigné au procès-verbal.

D'après l'article 769, c'est l'avoué poursuivant qui fait radier les inscriptions des créanciers non utilement colloqués, et, pour assurer l'accomplissement de cette formalité, l'article suivant défend au greffier de délivrer le bordereau des frais de poursuite avant que l'avoué ait fourni les certificats de radiation qui demeurent annexés au procès-verbal.

Vos substituts, en vérifiant chaque mois les minutes du greffe, tiendront la main à ce que ces prescriptions soient ponctuellement exécutées.

Prévoyant le cas d'une aliénation volontaire, l'article 772 autorise non seulement l'acquéreur et le créancier le plus diligent, mais le vendeur lui-même, à requérir l'ouverture de l'ordre. Néanmoins, ce dernier ne peut user de cette faculté qu'autant que le prix est exigible.

Aux termes de l'ancien article 775, l'ordre pouvait être

provoqué après l'expiration des trente jours qui suivaient l'expiration des délais prescrits par les articles 2185 et 2194 du code civil; le nouvel article ne permet de l'ouvrir qu'après l'accomplissement des formalités prescrites pour la purge des hypothèques.

La commission du Corps législatif a considéré la purge des hypothèques inscrites comme le *précurseur de l'ordre.* « Mais, disait M. Riché dans son rapport, pourquoi forcer l'acquéreur, surtout l'acquéreur d'un petit immeuble, à purger les hypothèques légales, si l'intérêt de sa sécurité ne lui paraît pas l'exiger, ou s'il recule devant les frais de cette purge assez rare dans la pratique. »

Quoi qu'il en soit, les termes généraux et absolus dans lesquels la disposition est conçue, ne paraissent pas admettre de distinction ; c'est une question que la jurisprudence aura à trancher.

Dans sa disposition finale, l'article 772 réserve, sous certaines conditions, aux créanciers à hypothèques légales qui n'ont pas fait inscrire leurs hypothèques, le droit de préférence sur le prix.

L'article 773 n'autorise pas l'ordre judiciaire lorsqu'il y a moins de quatre créanciers inscrits; le code admettait déjà ce principe, mais seulement à la suite d'une vente volontaire ; désormais, quel que soit le mode d'aliénation, la distribution du prix sera faite directement par le tribunal, après une procédure économique dont la forme est tracée avec précision.

L'instance en attribution de prix n'a lieu, dans tous les cas, qu'à défaut de règlement amiable.

L'un des objets principaux de la loi du 21 mai 1858 est d'imprimer aux procédures d'ordre la rapidité qui leur a manqué jusqu'à présent. Mais, pour atteindre à ce but, il ne suffisait pas de fixer des délais et de les enchaîner après en avoir restreint l'étendue dans une exacte limite, il fallait encore imposer aux avoués la vigilance et l'activité. C'est à cette fin que l'article 776 substitue à la subrogation, dont l'expérience avait démontré l'inefficacité, une déchéance, sans sommation ni jugement, contre l'avoué qui n'a pas observé les formalités et les délais prescrits par les articles 755, 755, § 2, et 769, et contre l'avoué commis qui n'a pas rempli les obligations à lui imposées par les articles 758 et 761.

Cette mesure, que le juge-commissaire est autorisé à prendre, sur la réquisition d'une partie ou même d'office, est une sanction rigoureuse des dispositions de la loi. Le zèle que les officiers ministériels apportent habituellement aux affaires qui leur sont confiées en rendra, sans doute, l'application peu fréquente; mais si des négligences se produisent, le juge ne doit pas hésiter à y recourir; sa tolérance ou sa faiblesse engagerait sa responsabilité.

L'avoué poursuivant et l'avoué commis ayant à remplir certaines formalités à la suite de divers actes du juge-commissaire, le greffier, au nom et sous la surveillance de ce magistrat, donnera avis, par lettre chargée à la poste : 1° à l'avoué poursuivant, de l'ouverture du procès-verbal d'ordre, de la confection de l'état de collocation provisoire, et de la clôture de l'ordre ; 2° à l'avoué commis, du renvoi à l'audience avec indication du jour fixé.

Aux termes des articles 777 et 778, il suffit à l'acquéreur qui veut faire prononcer la radiation des inscriptions avant la clôture de l'ordre, de consigner volontairement son prix :

« C'était là, disait M. Delangle, dans son rapport au Sénat, une occasion naturelle, et la loi l'a saisie, de trancher une question indécise. celle de savoir si la consignation, en cette matière, devait être précédée d'offres réelles.

« Le prix étant irrévocablement fixé par la purge de toutes les hypothèques, les offres étaient une formalité complètement inutile; la loi nouvelle, fidèle à la pensée qui l'inspire, a évité ces frais aux créanciers. »

Il est superflu de retracer ici la procédure simple et économique qui est prescrite, il convient seulement de rappeler que, dans le cas où l'ordre n'est pas ouvert, l'acquéreur ou l'adjudicataire qui veut consigner est tenu d'en requérir l'ouverture.

Le code ne s'était pas expliqué sur l'effet d'une revente sur folle enchère intervenant dans le cours de l'ordre, et même après le règlement définitif et la délivrance des bordereaux. L'article 779 met fin aux difficultés que cette lacune avait fait naître, et décide qu'il n'est pas nécessaire de recommencer l'ordre, que le juge-commissaire doit se borner à modifier l'état de collocation, suivant les résultats de l'adjudication, et à rendre les bordereaux exécutoires contre le nouvel adjudicataire.

Telles sont, M. le Procureur général, les observations que m'a suggérées la loi du 21 mai 1858 et les mesures que j'ai cru devoir prescrire pour en faciliter et en assurer la complète exécution. Les changements que le législateur a voulu introduire dans le règlement des ordres ne sont pas seulement une réforme utile de procédure; ils ont, vous le savez, un intérêt plus général et plus élevé. Vous aurez donc à faire appel à la vigilance des magistrats comme au zèle des officiers ministériels de votre ressort.

Je compte sur votre concours le plus actif pour donner à cette partie du service, qui est particulièrement confiée à votre surveillance et à votre sollicitude, une vigoureuse impulsion; et je ne doute pas que les principes nouveaux, maintenus dans une sage limite, mais appliqués d'une manière large et ferme, ne produisent d'excellents résultats.

Je désire que désormais vous fassiez connaître dans la mercuriale les mesures que vous aurez adoptées pour favoriser l'application et le développement de ces principes.

Vous voudrez bien enfin me tenir exactement informé de tout ce qui intéressera l'exécution d'une loi sur laquelle le Gouvernement de l'Empereur fonde de légitimes espérances d'amélioration et de progrès.

Je vous prie de m'accuser réception de cette circulaire, dont je vous transmets des exemplaires en nombre suffisant pour que vous puissiez en adresser à M. le premier président de la cour, aux présidents, aux procureurs impériaux et aux juges spéciaux de votre ressort.

Recevez, M. le Procureur général, l'assurance de ma considération très-distinguée.

Le garde des sceaux, ministre
de la justice,

E. DE ROYER.

Beauvais. — Imp. d'Ach. Desjardins.